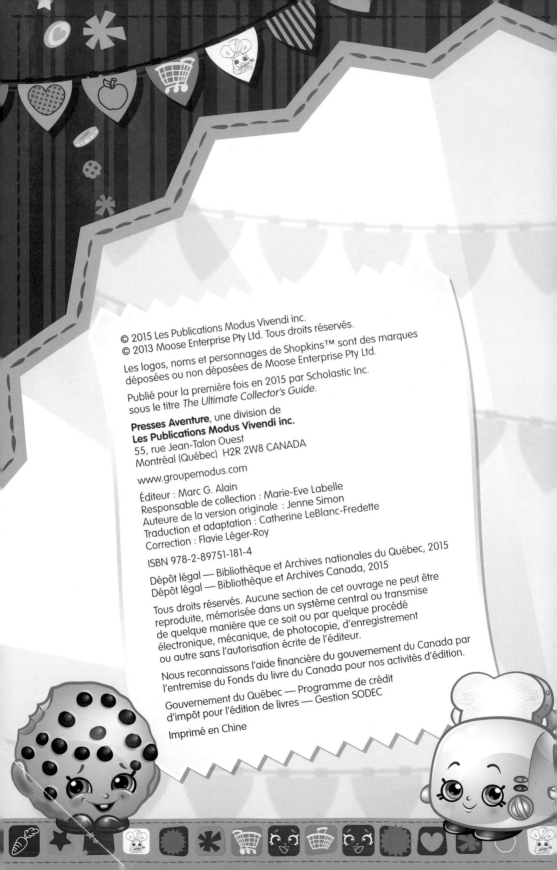

Presses Aventure, une division de
Les Publications Modus Vivendi inc.
55, rue Jean-Talon Ouest
Montréal (Québec) H2R 2W8 CANADA

www.groupemodus.com

Éditeur : Marc G. Alain
Responsable de collection : Marie-Eve Labelle
Auteure de la version originale : Jenne Simon
Traduction et adaptation : Catherine LeBlanc-Fredette
Correction : Flavie Léger-Roy

ISBN 978-2-89751-181-4

Dépôt légal — Bibliothèque et Archives nationales du Québec, 2015
Dépôt légal — Bibliothèque et Archives Canada, 2015

Nous reconnaissons l'aide financière du gouvernement du Canada par
l'entremise du Fonds du livre du Canada pour nos activités d'édition.

Gouvernement du Québec — Programme de crédit
d'impôt pour l'édition de livres — Gestion SODEC

Imprimé en Chine

TABLE DES MATIÈRES

Bienvenue au supermarché des Shopkins! Parcours les rayons avec ton panier et apprends-en plus sur Pommette, Fromette, Chocolette, Fraisy et tous leurs amis! Plonge dans l'univers des Shopkins et découvre des détails croustillants sur la vie de tes personnages préférés! Et c'est parti!

Le rayon des fruits et légumes est l'endroit parfait pour s'amuser ! Pour les accompagner dans leurs folies, tu devras avoir de l'énergie, car les Shopkins de ce rayon ont vraiment la pêche !

FRUITS ET LÉGUMES

POMMETTE

COULEUR PRÉFÉRÉE :
Vert pomme

CE QUI LA REND JOLIE :
Ses belles pommettes

CITATION PRÉFÉRÉE :
Une pomme par jour éloigne le médecin pour toujours

SAISON FAVORITE :
L'automne

CÉLÉBRITÉ DANS SA FAMILLE :
C'est son ancêtre qui est tombé sur la tête de Newton et qui lui a fait comprendre la loi de la gravité !

Pommette a un cœur d'aventurière et rien ne l'empêchera de croquer dans la vie !

CHOUFLETTE

PASSE-TEMPS :
Feuilleter un bon livre

CADEAU PRÉFÉRÉ :
Un bouquet de fleurs

MEILLEURE AMIE :
Choupinette

SURNOM LORSQU'ELLE ÉTAIT PETITE :
Bout de chou

CITATION :
« Comme c'est chou ! »

CHANTEMIGNON

AIME :
Se faire traiter aux petits oignons

ENDROITS FAVORIS :
Les lieux sombres et humides

ACTIVITÉ PRÉFÉRÉE :
Cuisiner des tartes à la boue

DÉFAUT :
A parfois la grosse tête

CITATION :
« Une vie truffée de surprises ! »

ORANGETTE

AIME :
Les histoires juteuses

ACTIVITÉ PRÉFÉRÉE :
Éplucher les journaux

DÉFAUT :
Elle est souvent pressée

CONSEIL POUR UNE FÊTE RÉUSSIE :
Il faut mélanger
les pommes et les oranges !

CITATION :
« Un zeste de folie ! »

MAISSY

MEILLEURE AMIE :
Popcorni

PASSE-TEMPS :
Prendre le temps de souffler

RÊVE :
Aller visiter son cousin Épi dans
son champ natal

CITATION :
« Pousse maïs pousse égal ! »

FRAISY

FÊTE PRÉFÉRÉE :
La Saint-Valentin

MEILLEURE AMIE :
Pommette

ON DIT D'ELLE QUE :
Elle est très mûre
pour son âge

BOISSON PRÉFÉRÉE :
La limonade rose

ELLE RÊVE À :
Ce qu'il peut bien
y avoir au pied
de l'arc-en-ciel

 Quand Fraisy n'est pas perdue dans ses pensées,
tu la trouveras certainement en train d'écrire
un nouveau poème ou une chanson.
C'est une grande romantique !

POIRETTE

PERSONNALITÉ :
Douce et gentille

DÉFAUT :
Elle est parfois bonne poire

ACCESSOIRE PRÉFÉRÉ :
Ses lunettes de soleil

MEILLEURE AMIE :
Glossy

CITATION :
« Il n'est pas question de poireauter ! »

ANNANA

LIEU DE DÉTENTE PRÉFÉRÉ :
L'allée des parasols

AIME :
Passer du temps au soleil

TEMPÉRATURE PRÉFÉRÉE :
Le climat tropical

RECONNUE POUR :
Son cœur d'or

RAYON 2
Que ça sent bon !

Oh! Comme la boulangerie est invitante!
Comme tout est si bon et beau! Viens
rencontrer les Shopkins de ce rayon et
découvrir leur petit côté givré!

BOULANGERIE

DONUTA

SPORT PRÉFÉRÉ :
Le golf !
Elle réussit toujours un trou d'un coup !

SAISON FAVORITE :
Le début de l'hiver, alors que la neige
a légèrement glacé les rues...

ELLE NE PEUT S'EMPÊCHER DE :
Grignoter souvent,
elle a toujours un creux !

MEILLEURE AMIE :
Chocolette

CITATION :
« Tout baigne dans l'huile ! »

MUFFINETTE

REPAS PRÉFÉRÉ :
Le brunch

MOMENT DE LA JOURNÉE PRÉFÉRÉ :
Le matin, c'est une lève-tôt !

MEILLEURE AMIE :
Laitchouette

ACCESSOIRE PRÉFÉRÉ :
Son chapeau

N'AIME PAS :
Rentrer dans le moule

BAGUETTA

PERSONNALITÉ ⁚
Un peu dur à l'extérieur,
mais tendre à l'intérieur !

CHANSON PRÉFÉRÉE ⁚
« Do-rée mie »

AIMERAIT AVOIR ⁚
Une baguette magique

CITATION ⁚

« On a toujours le temps
de casser la croûte ! »

PANETTE

PLUS GRANDE PEUR ⁚
Être pris en sandwich dans la foule

DÉFAUT ⁚
Il a parfois des opinions trop tranchées

AIME ⁚
Mettre la main à la pâte

CITATION ⁚

« Il va y avoir du pain
sur la planche ! »

COULEURS PRÉFÉRÉES :
Noir et blanc

RECONNUE POUR :
Faire de bonnes blagues croustillantes !

TALENT SECRET :
Dire la bonne fortune

TRADITION DE NOËL :
Attendre le père Noël avec Laitchouette à côté du sapin

RÊVE :
Trouver une pépite d'or

CITATION :
« La gentillesse, c'est la recette du bonheur ! »

COOKY

Cooky est une petite douceur très timide, mais tous ses amis te diront que c'est une bonne pâte !

14

CAKECAROTTE

COULEUR DE CHEVEUX PRÉFÉRÉE :
Poil de carotte

MATIÈRE PRÉFÉRÉE :
Les mathématiques : elle aime calculer les racines carrées !

PERSONNALITÉ :
Charmante, mais un peu givrée

CITATION :
« La vie sans les amis, ce n'est pas du gâteau ! »

MERINGUA

DANSE PRÉFÉRÉE :
Le merengue

DÉFAUT :
Elle a la dent un peu trop sucrée

PERSONNALITÉ :
Elle a toujours la tête dans les nuages !

PLUS GRAND MYSTÈRE SELON ELLE :
L'œuf ou la poule ?

PLUS GRAND RÊVE :
Aller voir les glaciers

RAYON 3
Qu'est-ce qu'on mange?

Les Shopkins de ce rayon regorgent de saveur ! Leur amitié assaisonnera ta vie et y mettra du piquant !

PRODUITS D'ÉPICERIE

CONFIPOTINE

COULEUR PRÉFÉRÉE :
Rouge framboise

OBJET FAVORI :
Son journal, dans lequel elle conserve ses souvenirs

ACCESSOIRE PRÉFÉRÉ :
Son bonnet, car elle est souvent gelée !

MAUVAISE HABITUDE :
Elle a parfois tendance à tourner autour du pot

PASSE-TEMPS :
Tricoter

CITATION :
« Vous pouvez me confier tous vos secrets ! »

 Cette grand-maman gâteau prend bien soin de tout le monde au supermarché des Shopkins. Elle a toujours un bon mot et des petites douceurs à offrir à tous ceux qui l'entourent.

SELDEMER

ON DIT D'ELLE QUE :
Avec elle, la vie est pleine de saveurs !

N'AIME PAS :
Les personnes qui manquent de goût

SPORT PRÉFÉRÉ :
L'équitation, elle adore monter en selle

L'HIVER, ELLE AIME :
Les cristaux de neige

ON LA VOIT RAREMENT SANS :
Poivrinette, leurs destins sont scellés !

POIVRINETTE

SOUHAIT :
Arrêter d'éternuer !

COUSINS :
Jalapeno, Cayenne et Paprika !

RÊVE :
Recevoir le grand prix de l'épice la plus utile !

CITATION :
« Il faut savourer la vie ! »

MIELOU

LIEUX PRÉFÉRÉS :
Ceux qui bourdonnent d'activité

MEILLEURE AMIE :
Miss Tea

ALLERGIE :
Pollen

CITATION :
«Les Shopkins,
quel buzz !»

FARINETTE

RECONNUE POUR :
Faire souvent des dégâts

AIME :
La lumière tamisée

N'AIME PAS :
Être confondue
avec le sucre en poudre

**PREMIÈRE CHOSE
QU'ELLE FAIT LE MATIN :**
Se poudrer les joues

CRUNCHY

S'ENTEND TRÈS BIEN AVEC :
Laitchouette

PASSE-TEMPS :
La musculation

AIME :
Les cadeaux-surprises

MATIÈRE PRÉFÉRÉE :
Toutes !
C'est un véritable bolé !

PLUS GRANDE PEUR :
Devenir mou

CITATION :
« Avec moi, vous aurez du bol ! »

Crunchy ne déroge pas d'une miette de sa routine matinale. Grand sportif, il commence sa journée par un léger entraînement pour rester en forme. En voilà un qui croque dans la vie à pleines dents !

SUCRINETTE

JOUET PRÉFÉRÉ :
Les cubes de construction

AIME :
Tout ce qui est raffiné

PERSONNALITÉ :
Toujours très douce et fine

TALENT SECRET :
L'organisation.
Elle adore empiler des cubes

SPAGUETTA

ACTIVITÉ PRÉFÉRÉE :
Faire une petite saucette

PLUS GRANDE PEUR :
Les plats qui manquent
de sauce

HUMORISTE PRÉFÉRÉE :
Ravioli, qui fait toujours
des farces

KETCHOUPY

MEILLEUR AMI :
Hotdoggy

N'AIME PAS :
Devenir rouge comme
une tomate quand il est gêné

AIME SE DÉGUISER EN :
Ketchup aux fruits

RAYON 4
La crème de la crème !

Tu t'apprêtes à parcourir le rayon le plus cool du supermarché ! Personne ici ne te jettera de regard froid et tout le monde sera emballé de te rencontrer !

PRODUITS LAITIERS ET SURGELÉS

N'AIME PAS :
Les vêtements laids

ANIMAL PRÉFÉRÉ :
La vache

MAUVAISE HABITUDE :
Elle a tendance à ruminer son chagrin

BOISSON FAVORITE :
Le lait de poule

MEILLEURE BLAGUE :
« Que donnent les vaches en hiver ? De la crème glacée ! »

LAITCHOUETTE

 Tu ne t'ennuieras pas avec Laitchouette ! On n'a pas moussé sa réputation : il est bien vrai que peu importe ce que vous entreprendrez ensemble, vous allez cartonner !

FROMETTE

MUSICIEN PRÉFÉRÉ :
Mozart-ella

RÉPUTATION :
C'est le gratin des Shopkins

MEILLEUR AMI :
Poipois

ANIMAL PRÉFÉRÉ :
La souris

CITATION :
«Je fonds pour toi!»

POIPOIS

TEMPÉRATURE PRÉFÉRÉE :
Quand il y a de la neige

REPAS PRÉFÉRÉ :
La soupe

JEU PRÉFÉRÉ :
Les billes

CITATION :
«Ne jamais sous-estimer un petit pois!»

FROZIE

FAIT AMUSANT :
On dit qu'elle a une jumelle...

SPORTS PRÉFÉRÉS :
Le patinage sur glace et la glissade

ACTIVITÉ PRÉFÉRÉE :
Faire des bonshommes de neige

CITATION :
« Prenons ça cool ! »

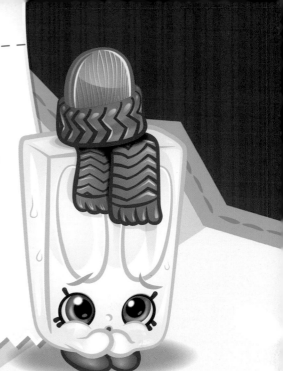

YAOURTY

PERSONNALITÉ :
Elle est très cultivée

JEU PRÉFÉRÉ :
Le yo-yo

ACTIVITÉ PRÉFÉRÉE :
Tourbillonner sur
la piste de danse

STYLE VESTIMENTAIRE :

Elle aime essayer
de nouveaux accessoires !

Il y a toujours une bonne raison de célébrer avec ces joyeux Shopkins ! Que ce soit un anniversaire ou un soir tout à fait normal, tes amis de ce rayon trouveron toujours le moyen de mettre une ambiance de fête !

CONFISERIE ET PRODUITS DE LA FÊTE

LOLISUCETTE

MEILLEURE AMIE :
Barbamiss

DÉFAUT :
Elle peut parfois être
un peu collante

PERSONNALITÉ :
Très énergique
et elle a la tête dure !

SPORT PRÉFÉRÉ :
Tous les sports
avec un bâton !

CHEWBUBBLY

ACTIVITÉ PRÉFÉRÉE :
S'éclater avec ses amis

DÉFAUT :
Elle ne mâche pas ses mots

TALENT SECRET :
Elle lit dans les boules
de cristal

**EXPRESSION
PRÉFÉRÉE :**
« Mystère et
boule de gomme »

GATORIGOLO

SECRET MODE :
Toutes les couleurs lui vont bien !

MEILLEURE AMIE :
Sodapops

SPORT PRÉFÉRÉ :
Le tir à l'arc

AIME :
Les personnages colorés

CITATION :

« Il faut toujours un peu
de pluie pour avoir
un arc-en-ciel ! »

SODAPOPS

PERSONNALITÉ :
Elle est souvent dans sa bulle

N'AIME PAS :
Être secouée

PASSE-TEMPS :
Rafraîchir sa garde-robe

CITATION :

« Je déteste faire
éclater votre bulle... »

CAKEBIRTHDAY

RECONNUE POUR :
Organiser des fêtes surprises

MUSIQUE PRÉFÉRÉE :
Le bougie-woogie

PORTE-BONHEUR :
La bougie de son
premier anniversaire

SPORT PRÉFÉRÉ :
La gymnastique,
elle exécute particulièrement
bien la chandelle !

GELY

PLUS GRANDE QUALITÉ :
Sa transparence

CE DONT ELLE EST LE PLUS FIÈRE :
Ses saveurs sont illimitées

SAISON FAVORITE :
L'hiver. Elle aime
beaucoup être gelée !

CITATION :
« Pour ceux que j'aime,
je ferais la traversée du dessert ! »

CHOCOLETTE

MEILLEURES AMIES :
Donuta, Pommette et Machlou

PLUS GRANDE PEUR :
Rester sur la tablette

ANIMAL PRÉFÉRÉ :
Le lapin de Pâques

COULEURS PRÉFÉRÉES :
Noir, brun et blanc

CITATION :
« Quoi ? Tu n'es pas fait en chocolat ? »

Chocolette aime rire et jouer des tours aux autres Shopkins. Elle n'a pas peur de se salir les mains !

GIVRETTE

N'AIME PAS :
La chaleur, ça la dégoûte

MEILLEURE AMIE :
Gauffry

PLUS GRANDE PEUR :
Avoir mal à la tête après avoir mangé quelque chose de froid trop vite

INSTRUMENT DE MUSIQUE PRÉFÉRÉ :
Le cornet

RIGLISSA

TRUC MODE :
Superposer des couches de différentes couleurs

RÉPUTATION :
On dit qu'elle est un goût qui se développe

MEILLEURE AMIE :
Bonbonbon

ACTIVITÉ PRÉFÉRÉE :
Aller glisser, glisser encore et reglisser

POPCORNI

PASSE-TEMPS :
Aller au cinéma

MUSIQUE PRÉFÉRÉE :
La pop

TALENT SPORTIF :
Elle n'en a pas !
Elle a le souffle trop court !

CITATION :
« Ce que l'on s'éclate ici ! »

Tu feras certainement bon ménage avec les Shopkins de ce rayon. Viens t'entretenir avec eux et découvrir la personnalité propre à chacun d'eux !

PRODUITS D'ENTRETIEN

DANSE PRÉFÉRÉE :
Le ballet

SPORT PRÉFÉRÉ :
Le « seau » à la corde

AIME :
Voir son reflet sur un plancher étincelant de propreté

PERSONNALITÉ :
Elle est très intelligente, c'est une véritable éponge

RÉPUTATION :
Elle a une solide éthique de travail

SERPY

 Serpy est certainement travaillante, mais elle sait aussi se ménager et prendre du temps pour s'amuser !

ROULOTA

PLUS GRANDE PEUR :
Que les choses se déroulent mal

AIME :
Lire un bon magazine

N'AIME PAS :
Être au bout du rouleau

DÉGUISEMENT PRÉFÉRÉ :
La momie

VITROUNETTE

PERSONNALITÉ :
Il mène une vie bien rangée

SAISON FAVORITE :
Le printemps

ACTIVITÉ PRÉFÉRÉE :
Faire du lèche-vitrine

ARME SECRÈTE :
L'étincelle dans ses yeux

CITATION :
« Il faut en avoir le cœur net ! »

Bienvenue dans l'allée la plus chaleureuse du supermarché ! Viens cajoler les mignons produits pour bébé et concocter de délicieux petits plats avec les ustensiles. Ce sera comme à la maison !

USTENSILES DE CUISINE ET PRODUITS POUR BÉBÉ

TOTOTTE

INSTRUMENT DE MUSIQUE PRÉFÉRÉ :
Le hochet

TALENT SECRET :
Maintenir la paix

DÉFAUT :
Elle s'endort partout

PLUS GRANDE PEUR :
Être remplacée par un pouce

CITATION :
« Avec moi, finis les pleurs ! »

Ne te fie pas à sa petite taille, Tototte a un très grand cœur. Si jamais il t'arrive de te demander où elle est, regarde dans les couvertures, elle y est sûrement en train de faire une sieste, c'est son petit péché mignon !

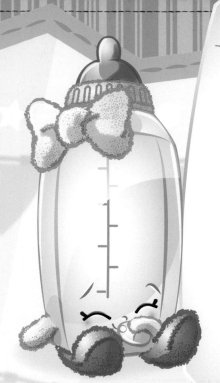

BIBY

SHOPKINS QU'ELLE ADMIRE :
Tassette

PASSE-TEMPS :
Se réchauffer dans un bon bain chaud

MUSIQUE PRÉFÉRÉE :
Les comptines

COULEUR PRÉFÉRÉE :
Vert bouteille

RÊVE :
Plus tard, elle aimerait faire le tour
du monde en devenant
une bouteille à la mer

TASSETTE

MEILLEURE AMIE :
Tototte

AIME :
Fredonner des berceuses

PORTE-BONHEUR :
Son ourson en peluche

RÉPUTATION :
Ne déborde jamais du sujet

CITATION :
« La vie est gorgée
de beaux moments ! »

LAMPA

PERSONNALITÉ :
Brillante et allumée

PLUS GRANDE PEUR :
Avoir des ampoules aux pieds

QUALITÉ :
Elle réfléchit à la vitesse
de la lumière

CITATION :
« Il y a de l'électricité
dans l'air ! »

MIXTOU

PERSONNALITÉ :
Elle est parfois un peu mélangée

TALENT SECRET :
C'est une super DJ,
car elle adore mixer de la musique

MAUVAISE HABITUDE :
Couper la parole

ON DIT D'ELLE QUE :
Elle est la plus branchée des Shopkins

CITATION :
« Le courant passe
entre nous ! »

GRILLETTE

PASSE-TEMPS :
Organiser des fêtes
et y porter
des toasts

N'AIME PAS :
Quand un secret lui
brûle les lèvres

MEILLEUR AMI :
Boutondor

HISTOIRES PRÉFÉRÉES :
Les tranches
de vie

AIME :
Se faire griller au soleil

CITATION :
« Un pour toast,
toast pour un ! »

 Grillette est toujours très chaleureuse et sait porter des toasts comme personne ! Tout le monde sait que lorsque l'on veut organiser un bien-cuit en l'honneur d'un des Shopkins, c'est elle qu'il faut inviter !

RAYON 8
À la mode !

En voilà qui font réellement des courses de folie !
Les Shopkins de ce rayon sont toujours très occupés
et courent partout toute la journée ! Si tu veux les
attraper, tu ferais mieux de venir les visiter en soirée
alors qu'ils passent du temps entre pairs.

CHAUSSURES

40

BASKETA

SPORT PRÉFÉRÉ :
Le basketball

ENDROIT FAVORI :
Le gym,
c'est le pied !

MAUVAISE HABITUDE :
Faire marcher
ses amis

CITATION :
«On trouve toujours
chaussure à son pied !»

 Des amis comme Basketa, ça ne court pas les rues !
Elle est parfois un peu coquine et aime beaucoup jouer
des tours, mais tu ne te lasseras pas de cette
attachante chaussure !

PANTOUFLETTE

ANIMAL PRÉFÉRÉ :
Le lapin

PERSONNALITÉ :
Elle est pantouflarde et toujours très douce

VÊTEMENT PRÉFÉRÉ :
La robe de chambre

ÉVÉNEMENT FAVORI :
Les soirées pyjama

MEILLEURE CACHETTE :
En dessous du lit

CITATION :
« Avec moi, vous vous lèverez du bon pied ! »

SCARPINA

DÉFAUT :
Elle peut parfois casser les pieds de ses amis

AIME :
S'habiller chic

PASSE-TEMPS :
Coudre ses propres vêtements avec ses talons aiguilles

PERSONNALITÉ :
Elle marche toujours sur la pointe des pieds, mais elle n'est pas discrète pour autant !

RAYON 9
À votre santé !

Dans ce rayon, tu trouveras des Shopkins qui ont ton bien-être à cœur. Un petit conseil mode par-ci, un truc santé par-là; ici, tout le monde comprend très bien que la vraie beauté est à l'intérieur de soi.

SANTÉ ET BEAUTÉ

ONGLETTE

TRUC MODE :
Essayer de nouvelles couleurs

PERSONNALITÉ :
Elle est toujours très polie

PASSE-TEMPS :
Faire des manucures

CITATION :
« La perfection jusqu'au bout des ongles ! »

PATADENT

PLUS GRAND ATOUT :
Son sourire étincelant

SAVEUR PRÉFÉRÉE :
La menthe

PERSONNALITÉ :
Quand on a une dent contre lui, il réagit avec sagesse

CITATION :
« Il faut mordre dans la vie à pleines dents ! »

SHAMPOUINOU

N'AIME PAS :
Avoir un cheveu sur la langue

HISTOIRES PRÉFÉRÉES :
Les histoires d'horreur à faire dresser
les cheveux sur la tête

FRUIT PRÉFÉRÉ :
La pomme de douche

AIME :
Chanter sous la douche

MOUVEMENT DE DANSE PRÉFÉRÉ :
La vague

SHAMPOUI'NETTE

ACTIVITÉ PRÉFÉRÉE :
Le conditionnement physique

SCIENTIFIQUE PRÉFÉRÉ :
Darwin et sa théorie de « l'évo-lotion »

N'AIME PAS :
Se fendre les cheveux en quatre

MEILLEURE AMIE :
Shampouinou

PASSE-TEMPS :
Elle a toujours de nouvelles idées
pour revitaliser le supermarché
des Shopkins !

TRUC MODE :
Agencer la couleur
avec son humeur

DÉFAUT :
Elle rougit
facilement

PASSE-TEMPS :
Faire du théâtre
et magasiner

MEILLEURES AMIES :
Pommette
Onglette et Poirette

QUALITÉ :
Quand elle raconte
des histoires, tout le
monde est suspendu
à ses lèvres

CITATION :
«Passez une
magnifique journée!»

GLOSSY

 Il n'y a qu'un mot pour décrire cette fashionista :
resplendissante ! Son nom est sur toutes les lèvres
et ce n'est pas pour rien, car elle laisse
sa marque partout où elle va.

CITRONKISS

RECONNU POUR :
Sa concentration

COULEUR PRÉFÉRÉE :
Jaune citron

ON LE VOIT SOUVENT AVEC :
Citronette

DÉFAUT :
Parfois, il essaie de passer
un citron à ses amis !

CITATION :
« Soyez sûr de vous ! »

TOMATOS

ÂGE :
Disons seulement
qu'il est plutôt mûr !

MEILLEURE AMIE :
Confipotine

ART FAVORI :
Il aime tout du théâtre :
le côté cour et le côté jardin !

RECONNU POUR :
Raconter des salades !

CITATION :
« Cueillir le jour »

DONUTY

SE TIENT TOUJOURS AVEC :
Sa douzaine d'amis !

ACTIVITÉ PRÉFÉRÉE :
La baignade

N'AIME PAS :
Être dans le pétrin

RECONNUE POUR :
Ne jamais avoir de trou de mémoire

PLUS GRAND ATOUT :
Ses belles rondeurs

MISS TEA

COULEURS PRÉFÉRÉES :
Noir et vert

ON DIT D'ELLE QUE :
Elle a la science infuse !

TALENT SECRET :
Lire dans les feuilles de thé

CITATION :
« J'ai plus d'un tour dans mon sachet ! »

CHOUETTECAKE

PERSONNALITÉ :
Elle est remplie de surprises !

QUALITÉ :
Elle met toujours
les bouchées doubles

ANIMAL PRÉFÉRÉ :
La chouette

CITATION :
« Je suis emballée
d'être ton amie ! »

MACHLOU

ON DIT D'ELLE QUE :
Elle est très tendre

MEILLEURE AMIE :
Chocoulette

AIME :
Raconter des histoires
près du feu

ACTIVITÉ PRÉFÉRÉE :
Le camping

QUEENYCAKE

AIME :
Organiser de grands bals

ACCESSOIRE PRÉFÉRÉ :
Une couronne de glaçage

**OBJET QUI LUI
EST CHER :**
Ses pantoufles de velours

CÉLÈBRE POUR :
Ses événements
couronnés de succès

ACCESSOIRE PRÉFÉRÉ :
Ses lunettes de soleil

AIME :
Se la couler douce dans toutes ses plages horaires

SAISON FAVORITE :
L'hiver... Mais non ! L'été, bien sûr !

COULEUR PRÉFÉRÉE :
L'ultraviolet

CITATION :
« Avec moi, vos soucis disparaîtront comme neige au soleil ! »

SOLEIA

SPF 30+

Il est vrai que Soleia est souvent très inquiète, mais au fond, elle ne souhaite que protéger ses amis. Pour elle, plusieurs ont eu le coup de foudre, mais jamais de coup de soleil !

TOUNETTE

JOUR PRÉFÉRÉ :
La journée du poisson d'avril

N'AIME PAS :
Les rires en canne

COULEUR PRÉFÉRÉE :
Tous les « thons » de bleu

CITATION :
« Je suis heureuse comme
un poisson dans l'eau ! »

BOUTONDOR

TALENT SECRET :
Il a bon goût !

N'AIME PAS :
Quand ses opinions comptent
pour du beurre

ON DIT DE LUI QUE :
Il beurre parfois un peu trop épais...

RUMEUR :
Lui et Laitchouette seraient
des jumeaux séparés
à la naissance...

BOTTINNETTE

AIMERAIT ÊTRE :
Enseignante, car elle a de la classe

N'AIME PAS :
Avoir l'estomac
dans les talons

PERSONNALITÉ :
Elle n'aime pas se faire traîner
dans la boue

ON DIT D'ELLE QUE :
Elle ne se sent jamais petite
dans ses souliers

CITATION :
« Avec moi, pas de faux pas ! »

GANTY

MEILLEURE AMIE :
Serpy

SPORT PRÉFÉRÉ :
Les sports nautiques

ON DIT D'ELLE QUE :
Elle n'a pas peur de se mouiller

PERSONNALITÉ :
Elle sait toujours comment
se tirer d'une sale affaire

CITATION :
« Pouvez-vous me donner
un coup de main ? »

LISTE DE COURSES SHOPKINS

NIVEAU DE RARETÉ :

☑

- ○ CLASSIQUE
- ○ RARE
- ● ULTRA-RARE
- ○ ÉDITION SPÉCIALE

SERS-TOI DE CETTE LISTE POUR SAVOIR QUELS SHOPKINS IL TE MANQUE !

FINITION :

- ✦ PAILLETTE
- ❋ GIVRÉ
- ✷ MÉTALLISÉ
- ✹ BLING
- ❀ BÉBÉ DOUILLET

Il y a tant de Shopkins à connaître !
Utilise cette liste pour pouvoir tous les collectionner.

:::::::::::SAISON 1:::::::::::
FRUITS ET LÉGUMES

Pommette 1-001	Choupinette 1-002	Fraisy 1-003	Annana 1-004

Pastiquette 1-005	Chantemignon 1-006	Poirette 1-007	Pommette 1-008

Choupinette 1-009	Fraisy 1-010	Annana 1-011	Pastiquette 1-012

Chantemignon 1-013	Poirette 1-014

:::::::::::SAISON 2:::::::::::
FRUITS ET LÉGUMES

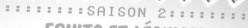

Chouflette 2-001	Citronelle 2-002	Orangelle 2-003	Maissy 2-004

Aillou 2-005	Oignonette 2-006	Avocado 2-007	Pimenty 2-008

Chouflette 2-009	Citronette 2-010	Orangette 2-011	Maissy 2-012

Aillou 2-013	Oignonette 2-014	Avocado 2-015	Pimenty 2-016

BOULANGERIE

Panette
1-033

Briochette
1-034

Donuta
1-035

Cheesycake
1-036

Muffinette
1-037

Gatochouette
1-038

Cooky
1-039

Panette
1-040

Briochette
1-041

Donuta
1-042

Cheesycake
1-043

Muffinette
1-044

Gatochouette
1-045

Cooky
1-046

:::::::::SAISON 2:::::::::::

BOULANGERIE

Baguetta
2-035

Chocmuffin
2-036

Cakecarotte
2-037

Meringua
2-038

Pecanette
2-039

Chocoulette
2-040

Tartifruit
2-041

Torsadou
2-042

Cupcake
2-043

Baguetta
2-044

Chocmuffin
2-045

Cakecarotte
2-046

Meringua
2-047

Pecanette
2-048

Chocoulette
2-049

Tartifruit
2-050

Torsadou
2-051

Cupcake
2-052

PRODUITS D'ÉPICERIE

Ketchoupy 1-015	Cahouette 1-016	Poivrinette 1-017	Seldemer 1-018
○	●	○	○

Sucrinette 1-019	Crunchy 1-020	Soupette 1-021	Confipotine 1-022
●	●	○	○

Sirochouette 1-023	Ketchoupy 1-024	Cahouette 1-025	Poivrinette 1-026
○	○	○	○

Seldemer 1-027	Sucrinette 1-028	Crunchy 1-029	Soupette 1-030
●	●	●	○

Confipotine 1-031	Sirochouette 1-032
○	○

PRODUITS D'ÉPICERIE

Farinette 2-069	Flajolie 2-070	Spaguetta 2-071	Olivette 2-072
●	○	○	●

Mielou 2-073	Alumiss 2-074	Boncaf 2-075	Moutarda 2-076
●	○	○	○

Crakiss 2-077	Farinette 2-078	Flajolie 2-079	Spaguetta 2-080
○	○	○	○

Olivette 2-081	Mielou 2-082	Alumiss 2-083	Boncaf 2-084
○	○	○	○

Moutarda 2-085	Crakiss 2-086
○	●

PRODUITS LAITIERS

Fromette 1-065	Ficella 1-066	Laitchouette 1-067	Yaourty 1-068
○	○	○	○

Milkshouky 1-069	Chocolato 1-070	Chantillette 1-071	Cocotte 1-072
●	○	○	○

Fromette 1-073	Ficella 1-074	Laitchouette 1-075	Yaourty 1-076
●	○	○	○

Milkshouky 1-077	Chocolato 1-078	Chantillette 1-079	Cocotte 1-080
○	●	○	○

SURGELÉ

Glassounette 1-121	Frozie 1-122	Yaourty 1-123	Glagla 1-124
○	○	○	○

Mamapizza 1-125	Kimconette 1-126	Poissinette 1-127	Poipois 1-128
○	○	○	○

Glassounette 1-129	Frozie 1-130	Yaourty 1-131	Glagla 1-132
○	○	○	○

Mamapizza 1-133	Kimconette 1-134	Poissinette 1-135	Poipois 1-136
○	○	○	○

PRODUITS DE LA FÊTE

Chipsy
1-081

Bretzette
1-082

Gely
1-083

Gatorigolo
1-084

Cakebirthday
1-085

Hotdoggy
1-086

Tassounette
1-087

Panetona
1-088

Burgy
1-089

Sodapops
1-090

Chipsy
1-091

Bretzette
1-092

Gely
1-093

Gatorigolo
1-094

Cakebirthday
1-095

Hotdoggy
1-096

Tassounette
1-097

Panetona
1-098

Burgy
1-099

Sodapops
1-100

CONFISERIE

Chewbubbly
1-047

Candykiss
1-048

Riglissa
1-049

Chocolette
1-050

Barbamiss
1-051

Lolisucette
1-052

Bonbonbon
1-053

Draginette
1-054

Riglissette
1-055

Chewbubbly
1-056

Candykiss
1-057

Riglissa
1-058

Chocolette
1-059

Barbamiss
1-060

Lolisucette
1-061

Bonbonbon
1-062

Draginette
1-063

Riglissette
1-064

CONFISERIE

Popcorni
2-053

Mentossy
2-054

Banasplity
2-055

Chewinguette
2-056

Gauffry
2-057

Givrette
2-058

Chourross
2-059

Titecrepe
2-060

Popcorni
2-061

Mentossy
2-062

Banasplity
2-063

Chewinguette
2-064

Gauffry
2-065

Givrette
2-066

Chourross
2-067

Titecrepe
2-068

SAISON 2

PRODUITS D'ENTRETIEN

Vaisselette 2-087	Vitrounette 2-088	Lessivou 2-089	Senbon 2-090
○	○	●	○

Serpy 2-091	Balaimiss 2-092	Doucette 2-093	Ventousy 2-094
●	●	○	●

Roulota 2-095	Vaisselette 2-096	Vitrounette 2-097	Lessivou 2-098
○	○	○	●

Senbon 2-099	Serpy 2-100	Balaimiss 2-101	Doucette 2-102
○	●	●	○

	Ventousy 2-103	Roulota 2 104	
	●	○	

SAISON 2

PRODUITS POUR BÉBÉ

Biby 2-121	Miam Miam 2-122	Totote 2-123	Linginette 2-124
●	○	●	○

Tassette 2-125	Talcouny 2-126	Culotine 2-127	Shampouiny 2-128
○	○	●	○

Biby 2-129	Miam Miam 2-130	Totote 2-131	Linginette 2-132
○	○	●	○

Tassette 2-133	Talcouny 2-134	Culotine 2-135	Shampouiny 2-136
○	○	○	○

SAISON 2
USTENSILES DE CUISINE

Grillette 2-017	Mixtou 2-018	Expressette 2-019	Casserolette 2-020
○	●	○	●

Boubouille 2-021	Microbon 2-022	Poubella 2-023	Lampa 2-024
○	●	○	●

Repassotte 2-025	Grillette 2-026	Mixtou 2-027	Expressette 2-028
○	●	●	○

Casserolette 2-029	Boubouille 2-030	Microbon 2-031	Poubella 2-032
○	○	●	○

Lampa 2-033	Repassotte 2-034	Microbon 2-031	Poubella 2-032
○			

Casserolette 2-029	Boubouille 2-030	Microbon 2-031	Poubella 2-032
●	○	●	○

Lampa 2-033	Repassotte 2-034
●	○

SAISON 2
CHAUSSURES

Scarpina 2-105	Joggette 2-106	Talony 2-107	Basketa 2-108
○	●	○	○

Santiana 2-109	Compensy 2-110	Pantouflette 2-111	Skidoux 2-112
○	●	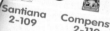 ○	○

Scarpina 2-113	Joggette 2-114	Talony 2-115	Basketa 2-116
○	○	○	●

Santiana 2-117	Compensy 2-118	Pantouflette 2-119	Skidoux 2-120
●	○	○	○

 ● ○ ○ ●

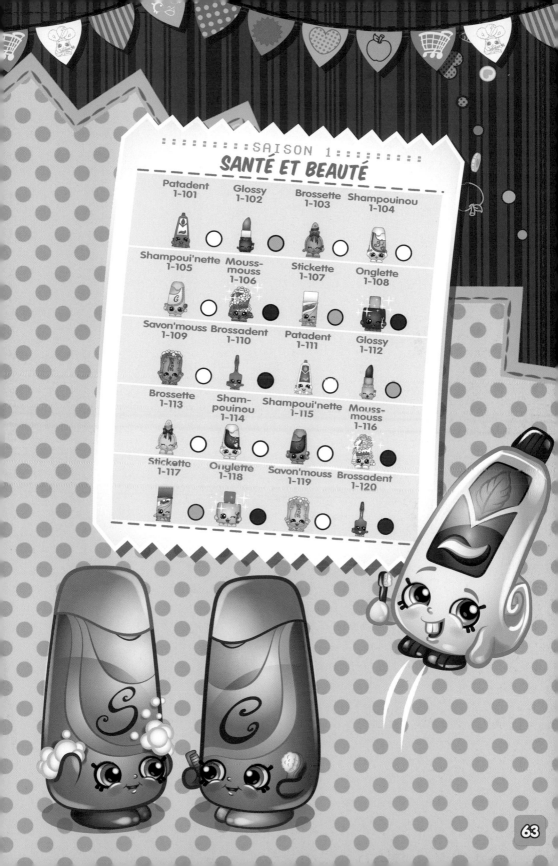

SANTÉ ET BEAUTÉ

Patadent 1-101	Glossy 1-102	Brossette 1-103	Shampouinou 1-104

Shampoui'nette 1-105	Mouss-mouss 1-106	Stickette 1-107	Onglette 1-108

Savon'mouss 1-109	Brossadent 1-110	Patadent 1-111	Glossy 1-112

Brossette 1-113	Sham-pouinou 1-114	Shampoui'nette 1-115	Mouss-mouss 1-116

Stickette 1-117	Onglette 1-118	Savon'mouss 1-119	Brossadent 1-120

SAISON 1
ÉDITION LIMITÉE

Queenycake 1-137
Boutondor 1-138
Tounette 1-139
Chouettecake 1-140

Tomatos 1-141
Soleia 1-142

SAISON 2
ÉDITION LIMITÉE

Machlou 2-137
Ganty 2-138
Citronkiss 2-139
Miss Tea 2-140

Donuty 2-141
Bottinnette 2-142